SUPPLÉMENT

A LA DÉFENSE

De P. J. MIGNIEN Fils, dit PLANIER,

OU

OBSERVATIONS *sur une lettre confidentielle du citoyen J. A. CREUZÉ-LATOUCHE, Député au Conseil des cinq cents, par le Département de la Vienne.*

> Il n'y a point de plus cruelle tyrannie que celle que l'on exerce à l'ombre des lois, et avec les couleurs de la justice, lorsque l'on va, pour ainsi dire, noyer les malheureux sur la planche même sur laquelle ils s'étaient sauvés.
>
> *Troussel, élément du droit, Origine du droit. p. 72.*

DEPUIS six mois les citoyens Maltète, Dupui et moi réclamons auprès du Directoire exécutif contre son arrêté du 14 brumaire dernier, qui nous condamne à la déportation. Nos plaintes, nos demandes, notre justification, rien ne parvient aux Directeurs, ou est par eux renvoyé aux bureaux du Ministre de la Police générale pour n'en plus sortir. Coupables, la preuve de nos crimes doit être rendue publique : innocents, la liberté doit nous être rendue sans différer.

Dans ma défense, j'ai fait l'énumération de mes sacrifices pour ma patrie ; j'ai produit des preuves authentiques

A

de mon attachement à la république et à la constitution de l'an trois ; pourquoi ce silence qui m'accable ? Accusé et condamné sans avoir été entendu , il était de mon devoir de prouver aux magistrats qui m'ont jugé, que des méchans les avaient trompés sur mon compte ; il est de leur justice de prononcer entre mes délateurs , qui n'ont que des mots à alléguer , et moi qui fournis des preuves matérielles. Le considérant même qui a motivé l'ordre de nous déporter, porte l'empreinte de notre innocence, en ce qu'il ne spécifie rien , qu'il attaque nos droits de citoyen , et qu'il est basé sur une loi qui né nous concerne point du tout. Que le lecteur en examine le texte , et il se convaincra du vague qu'il renferme. « Considérant » que les nommés Planier, ex-vicaire constitutionnel, etc. » se sont mis à la tête d'un parti désorganisateur, évi- » demment dirigé contre la constitution de l'an trois, » qu'ils ont organisé la révolte, conspiré contre la tran- » quillité, et dirigé tous les mouvemens anarchistes dans » les assemblées primaires et électorales de leur dépar- » tement, en vertu de la loi du 19 fructidor an 5, ar- » rête, etc. »

Il est aussi impossible de prouver l'existence de ce parti, purement être d'imagination, que de démontrer la vérité de cette proposition ; *le contenu est plus grand que le contenant.* Il n'est que trop vrai qu'il existe dans le département de la Vienne un parti évidemment organisé contre la constitution et la république : ce n'est pas de celui-là dont on me fait le chef. On n'ignore pas que j'ai souvent failli tomber sous ses poignards (1). En ad-

---

(1) Le 5 prairial an 3, à une séance nocturne du département, après avoir chanté le *réveil du peuple*, il fut proposé de se porter

mettant que ce prétendu parti existe, je ne connais qu'un moyen de prouver jusqu'à l'évidence qu'il tend à renverser la constitution, et ce moyen gît en fait. Existe-t-il des écrits signés de nous, des dépositions légales, appuyées sur des faits matériels, qui nous aient été communiquées, et auxquelles nous ayons bien ou mal répondu? En ce cas nous devions être traduits aux tribunaux compétans, jugés et condamnés conformément aux lois.

La révolte n'a été organisée, et la tranquillité troublée à Poitiers, que deux fois, depuis que j'y suis retourné. C'étaient les compagnons de Jesus et du Soleil, qui, le 10 thermidor an 5, après avoir servi de gardes du corps

---

aux prisons et d'y égorger les terroristes ; j'étois désigné sous ce nom avec treize autres. Si la majorité des administrateurs municipaux n'avait pas pris de suite de sages précautions, et si trois cents patriotes n'en eussent imposé par leur courage aux lâches assassins lancés contre nous, avec promesse d'une récompense, Poitiers eut appris à la France entière, à quel prix des républicains savent vendre leurs vies ; nous étions armés et avertis. Ce premier coup manqué, on poussa trois scélérats, condamnés aux fers, à nous assassiner dans nos chambres pendant la nuit. Déjà ils s'étaient évadés de leurs cachots, et avaient gagné l'étage au-dessus de nous, lorsque j'eus le bonheur de les entendre, de prévenir le concierge qui les fit saisir dans les voûtes où ils s'étaient cachés. En messidor de l'an 5, il fut apporté chez moi, et donné à ma domestique, une lettre anonyme, datée de Poitiers le 13 ; on m'y annonçait que je serais bientôt poignardé pour avoir condamné à mort des comtes et marquises. Le contenu de cette lettre fut placardé aux coins des rues de Poitiers. En fructidor, même année, le nommé *Dutillet*, ex-noble, lut au café *Pélerin*, une liste composée de neuf cents habitans qui devaient être condamnés à mort, aussi-tôt la rentrée du roi en France. A côté de mon nom étaient ces mots, *brûlé vif*.

A 2

aux autorités constituées, parcouraient les rues en tirant des coups de pistolets, en criant *à bas la cocarde natio-nale*, *à bas les acquéreurs de domaines nationaux*, etc. Ce sont ces mêmes héros qui, le troisième jour complé-mentaire suivant, voulaient assassiner le général qui es-cortait les déportés, par la loi du 19 fructidor. Ces deux insurrections sont constatées par jugement du tribunal de police correctionnelle de Poitiers. A l'époque de la pre-mière, j'étais depuis deux jours à six lieues de ma com-mune, et à Paris, lors de la seconde.

Aux présidens seuls des assemblées du peuple est attri-buée la police sur les membres qui les composent. Ma conduite n'a jamais été réprimandée par eux, parce que je me suis toujours comporté en homme qui sent la dignité et l'importance des droits que m'a donné la constitution que j'ai acceptée. Nulle autorité, autre que la représen-tation nationale, n'a le droit de s'immiscer dans les opé-rations des assemblées primaires ou électorales. S'il en arrivait autrement, ce serait le cas de dire avec Filan-gieri : *malheureux celui qui, doué d'une ame sensible, se livre à l'étude des différentes législations. A mesure qu'il acquiert plus de lumières, il devient plus infortuné.* (Sci. de la Lég. tom. 3. p. 195.

L'article 24 de la loi du 19 fructi. an 5, semble avoir autorisé le Directoire à prononcer notre déportation. Je n'y ai pas trouvé cette autorisation : je vais le citer et exposer mes raisonnemens.

« Le Directoire exécutif est investi du pouvoir de dé-
» porter, par des arrêtés individuels motivés, les prêtres
» qui troubleraient, dans l'intérieur, la tranquillité pu-
» blique ».

Le systême d'expliquer l'esprit de la loi, systême destructeur de la liberté civile, a offert à nos magistrats le moyen le plus étrange que l'on puisse imaginer pour en éluder le véritable sens. (Filang. ibid. p. 163.)

Ce n'est qu'en donnant une explication forcée à l'esprit de cet article de la loi, que nous avons pu être compris dans la classe des *prêtres*, qui, d'après l'intention du législateur, ne sont déportables par le Directoire, que dans le cas de troubles occasionnés par l'exercice de leurs fonctions. Car dans toutes autres hypothèses, ils sont justiciables des tribunaux comme les autres citoyens. Je prie d'observer que je n'entends parler ici que des prêtres sermentés, les autres étant déjà condamnés par le seul fait qu'ils ont refusé de prêter les sermens prescrits par les lois. Or il est bien constant que nous ne sommes ni, dans l'un, ni dans l'autre cas. D'abord, nous avons fait tous les sermens exigés de nous; en second lieu nous avons renoncé à la prêtrise, et n'en exerçons plus les fonctions depuis six ans. A ces motifs qui nous excluent de la classe des *prêtres*, j'ajoute que nous sommes mariés et que plusieurs lois même, sont en faveur des prêtres mariés, notamment celles du 23 avril 1793, art. 6; du 25 brumaire an deux, art. 1.; celle du 7 juin 1793, qui *défend aux membres de la convention, de demander la déportation des prêtres salariés et soumis aux lois, sous peine d'être envoyés pour huit jours à l'abbaye.*

Il ne peut échapper à l'œil le moins pénétrant, 1°. combien sont vagues et indéterminés les motifs de notre déportation; 2°. Que les articles 23 et 43 de notre charte constitutionnelle donnent au corps législatif *seul*, le droit de prononcer sur les opérations des assemblées primaires et électorales. 3°. Que l'article 32 , auquel se réfère l'article 40 , est très-précis sur les délits commis par rapport à ces assemblées. 4°. Que des mouvemens anarchistes *plus sonant quam valent.* Enfin, que l'article 24 de la loi du 19 fructidor an 5 , ne donne au Directoire le pouvoir de déporter que les prêtres, et non les *ex-prêtres.* Autrement, tous ceux qui comme moi ont abdiqué , et ceux-là même qui remplissent en ce moment des fonctions importantes seraient exposés au même danger. Par conséquent, que le Directoire a été trompé , tant sur nos prétendus délits , que sur nos qualités. Par conséquent, que ceux qui ont sollicité et obtenu notre déportation , ou sont bien pervers, ou ont des motifs qu'ils ne veulent pas rendre publics. Le citoyen *Creuzé-Latouche* va nous aider à fixer notre jugement sur l'une ou l'autre supposition.

Consulté sur mon compte par le président de l'administration municipale de Saintes, département de la Charente-Inférieure, ce législateur lui fit cette réponse.

Paris , 22 nivose, an 7.

Il n'y a que peu de jours , citoyen , que je suis de retour du département de la Vienne à Paris , où j'ai trouvé votre lettre du 8 frimaire , qui ne m'avait point été envoyée à Chatellerault. Puisque vous me demandez mon opinion sur Planier de notre département , je vous dirai franchement que vous n'êtes pas le seul dans votre pays à qui cet homme ait su en imposer par une conduite et des apparences de vertu fort opposées à son caractère et à ses actions. Je conçois , qu'au milieu des grands événemens qui nous entraînent , les vices et les crimes de quelques

individus, ne peuvent guère être connus de la société au-
delà des lieux qu'ils habitent. Mais dans l'histoire particulière du département de la Vienne, celle de Planier
n'est que trop remarquable, et pour lui-même, et pour
ceux qui ont été victimes de sa perversité, et pour l'effroi
de toute la génération actuelle. Quoique dans l'assemblée
partielle d'électeurs où il s'est trouvé au printems dernier,
il y eût de bons républicains, il est assez bien prouvé que
l'homme dont vous me parlez, n'avait rien de commun
avec ceux-là. Il s'agit moins, à son égard, du résultat
des élections, que des actes qui les avaient précédées, et
de sa vie politique entière. Il serait inutile d'entrer ici
dans de plus grands détails. Mais comme il importe de
signaler les fripons et les hypocrites dangereux, sur-tout
à ceux qui veulent bien nous consulter avec confiance, il
me suffit de vous dire, pour vous peindre celui qui en a
si bien imposé sur l'article de ses vertus, qu'il a présidé
le tribunal criminel de Poitiers, sous le gouvernement
révolutionnaire, et qu'il s'y est couvert du sang de ses
concitoyens, à la manière de Fouquet-Tinville. JE
CROIS BIEN QU'ON AURAIT PU L'ABANDONNER
A SES REMORDS, S'IL NE SE FUT PAS SI FORT
AGITÉ AVEC SES PARTISANS, POUR REPRENDRE
UNE AUTORITÉ DONT IL AVAIT FAIT UN SI
HORRIBLE USAGE. Je ne l'ai jamais ni vu, ni connu
personnellement. Mais je n'ai pu être étranger à l'histoire
de mon pays, où il a joué le plus affreux rôle. . . . . . .

Recevez, citoyen, l'assurance de mes sentimens
fraternels.

Signé, J. A. CREUZÉ-LATOUCHE.

Tout, dans cette lettre, démontre la violence des passions qui maîtrisent son auteur. Il me pardonnera, si au lieu d'adopter son style, j'emploie celui d'un homme libre même dans les fers, sous le poids desquels il me tient depuis sept mois.

Ce n'est pas à Saintes seulement où l'on a pris part à mon sort ; mon épouse a reçu des lettres de consolation de plus de six départemens, où cet ordre sévère a porté un coup mortel à la confiance publique ; où plusieurs ex-prêtres, à la nouvelle de ma déportation, ont renoncé aux établissemens qu'ils étaient sur le point de conclure. L'alarme et la consternation se sont répandues chez tous les ex-prêtres mariés et dans leurs familles.

J'ai su en imposer, dites-vous *citoyen Creuzé, par une conduite et des apparences de vertu.* Je vous le demande, qu'exige le corps social de ses membres ? Une conduite irréprochable et des vertus au moins apparentes. Que lui importe mon caractère, pourvu qu'il soit honnête et vertueux, sinon en réalité, du moins en apparence ? N'avons-nous pas des lois pour forcer les hommes à cette apparence, et pour punir les actions nuisibles au bien commun ? En convenant que j'ai une conduite et une apparence de vertus, vous avouez que j'ai toutes les qualités requises pour me faire aimer et estimer de la société. Que prétendez-vous avoir de plus que moi mon compatriote ? Des vertus ? Je n'en peux juger que par les apparences ; elles doivent me suffire.

C'est allégoriquement bien entendu que vous parlez de *l'histoire particulière du département de la Vienne.* A la prendre dès les premiers jours de la révolution, c'est celle du patriotisme le plus prononcé, jusqu'au 17 fructidor an 2, que l'exécrable réaction y a pris sa place, et fait jusqu'à ce jour d'affreux ravages. Car vous ne voulez pas parler de deux libelles diffamatoires, rédigés par les *Thibaudeau* père et fils, ces hommes à la mode, dont le patriotisme tourne et change avec les circonstances (1).

---

(1) C'est à ces deux citoyens qu'on doit attribuer tous les malheurs de notre département. L'ex-représentant était à peine rendu à la convention nationale, qu'il s'appliqua à former l'esprit public de Poitiers. Sa correspondance en fait foi. Le 6 novembre 1792, il s'exprimait ainsi en écrivant à un membre de la société : « Il ne peut y avoir d'accord entre le patriotisme et le *feuillan-* » *tisme* : j'espère bien que ces hommes orgueilleux et égoïstes, qui » composent cette administration, (celle de département) ne se- » ront pas réélus pour l'honneur de nos concitoyens et le maintien » de la liberté. . . . . . . Je sais comment, lors du séquestre des » biens des émigrés, les administrateurs ont lâchement molli ; il » n'en est pas un, j'ose le dire, qui ait rempli ses devoirs. Des » inventaires faits par apperçu, avec confiance, sans aucune re- » cherche exacte, voilà les précautions qui ont été prises pour » sauver des mains des brigands, l'indemnité de la nation ».

Et dans sa lettre du 26 même mois, il ajoute : « Je suis comme » toi indigné des nouvelles élections, c'est pire que jamais. Je ne » vois que des aristocrates ou des ignorans. . . . . Et ces direc- » toires ! ma foi, ces faits seraient bien propres à faire détester » les élections populaires ». Il est bon de remarquer que les ci- toyens *Dutaud*, administrateur ; *Gennet*, secrétaire-général du dé- partement, et *Brault*, membre du conseil des anciens, étaient alors du nombre de ces aristocrates, de ces ignorans, de ces hommes orgueilleux, égoïstes et prévaricateurs en faveur des émigrés, désignés par l'ex-député Thibaudeau.

Après avoir monté l'esprit de son correspondant contre la pre- mière administration de son département, nous allons voir com- ment il s'y prend pour le préparer au régime révolutionnaire. « C'est le moment, dit-il, dans sa lettre du 3 septembre 1793,

Je ne vois guère de remarquable pour moi dans l'histoire de mon département, que trois incarcérations, une

---

» de *frapper les grands coups et de purger*; car, avec des hommes
» comme j'en connais dans les administrations , il est impossible
» que la machine marche. *La révolution du 31 mai a dû se faire*
» *par-tout*, et là où les magistrats du peuple ne l'ont pas faite ,
» ou l'ont contrariée, ils ne sont plus dignes d'occuper leurs
» places ».

Enfin , dans celle du 8 suivant, il continue ainsi : « Je pense,
» mon ami, que d'après le décret que la convention a rendu pour
» notre ville , et la présence des commissaires qui s'y sont sans
» doute rendus , vous aurez travaillé tous de concert à épurer vos
» administrations. . . . . Il ne faut point composer avec vos fonc-
» tionnaires publics , car on n'en ferait que des traîtres ou des
» hypocrites. . . . . La commune de Paris fait des arrestations , et
» procède à l'organisation de l'armée révolutionnaire ; le tribunal
» révolutionnaire acquiert de son côté de l'activité par sa nou-
» velle organisation, et l'on promet bientôt à la juste vengeance
» du peuple la tête de la veuve *Capet* et celle de *Brissot*. C'est à
» vous , républicains zélés , à propager ce mouvement chez vous,
» à électriser toutes les ames , et à vouer à l'infamie tous ces êtres
» hermaphrodites, toujours trop lents à prendre un parti, et tou-
» jours trop prompts à prendre le mauvais. . . . . . Voilà qu'elles
» sont les idées d'après lesquelles vous devez *combattre à mort* vos
» ennemis et éclairer le peuple ».

Point de doute que notre précepteur n'ait donné des renseignemens plus détaillés à son père, alors procureur-général-syndic du
département. Ce qu'il y a de bien certain, c'est qu'aussi-tôt l'arrivée
dans notre commune des commissaires envoyés par la convention
nationale, le citoyen *Thibaudeau*, père , leur rendit de fréquentes
visites , qu'il leur désigna tous les fonctionnaires publics à destituer , et leur donna les noms des patriotes propres à les rem-
placer.

expoliation illégale de ma propriété et mon expulsion des assemblées, lorsque mon droit de voter est aussi évi-

---

Tandis que le fils nous recommandait de frapper les grands coups, et d'épurer les administrations, le père écrivait le 9 avril 1793 aux commissaires civils près le détachement des gardes nationales alors à Bressuire. « Dans des momens aussi critiques que ceux où nous » sommes, entourés de traîtres et de brigands, on ne peut prendre » des mesures trop vigoureuses...... Si nous n'avions plus de » brigands intérieurs à combattre, la patrie serait encore sauvée; » il faut donc se hâter de les *balayer* et de les *exterminer*.... Rien » de très-nouveau à Poitiers, si ce n'est que *dame guillotine fait* » *de temps en temps son métier*, ce qui fait faire la mine à nos » aristocrates, qui ont peur d'y passer ». (Le citoyen *Brault*, membre du conseil des anciens, était alors président du tribunal criminel.) Le même *Thibaudeau*, père, rédigeait dans ce temps les bulletins du département pour former l'esprit public, et faire *balayer et exterminer les aristocrates*. Il n'est jamais tombé de ces imprimés entre mes mains, que je n'aie frémi d'horreur en les lisant.

Tels sont les hommes qui, dans deux gros libelles diffamatoires, ont crié au terrorisme ; c'est sur le témoignage de ces *modérés*, que le citoyen *Creuzé* m'a dénoncé au Directoire, et m'a fait déporter par lui : car sa lettre du 22 nivôse dernier, ne fait que répéter ce qui est dit de moi dans ces deux pamphlets, à l'article des élections près.

Lorsqu'on guillotinait les *Vergniaud*, les *Guadet*, etc. comme fédéralistes, *Thibaudeau*, fils, dans son rapport fait à la convention nationale, sur sa mission près l'armée de l'Ouest, dénonça, pag. 8, 9, 10, 11, 12, les administrateurs comme fédéralistes. *Thibaudeau*, pere, dans son mémoire imprimé, page 5, avoue que l'administration avait pris des *arrêtés fédralistes* ; tous deux, l'un dans son terrorisme, page 82, l'autre dans son histoire de la révolution du département, page 87, nient formellement qu'il y ait eu fédéralisme à Poitiers. Le premier, dans sa lettre imprimée du 19 brumaire an 2, dit, page 11, que je suis un *prêtre-philo-*

dent que le vôtre. Quant à mes *victimes*, j'aurai bientôt occasion d'en parler.

L'assemblée des électeurs, dont j'ai fait partie, était l'assemblée mère ; elle avait une majorité respectable, et était composée de bons républicains ; vous en convenez parce qu'il faut ménager tout le monde : mais en ajoutant que je n'avais rien de commun avec eux, vous donnez un démenti à votre ami *Butaud*, commissaire du Directoire exécutif pendant l'assemblée électorale, qui, dans un libelle rédigé à Paris sous vos yeux, et signé de lui, dit : *les royalistes à bonnet rouge n'osant nommer deux des leurs à la législature, ont voulu du moins y avoir un de leurs chefs, nommé Dardillac, qu'ils ont accolé à Creuzé - Latouche.* Ce passage est bien précis, c'est bien de l'assemblée dont j'ai été membre qu'il parle, il n'y est fait aucune exception, et votre *il est assez bien prouvé*, prouve au contraie que j'avais concouru autant qu'il était en mon pouvoir aux choix généralement proposés.

Étonné d'après le portrait hideux que vos correspondans vous avoient fait de moi, et l'assurance qu'ils vous avoient donné que j'étais en exécration dans mon département, et couvert du mépris général ; étonné, dis je, d'apprendre que mes concitoyens m'avaient donné une nouvelle preuve de leur estime, en me nommant élec-

---

sophe ; et dans son *terrorisme*, que je suis un *terroriste*. Le second, dans les pièces justificatives jointes à son mémoire, me désigne comme un des *patriotes les plus marquans dans la ville*, page 5, et dans son histoire, page 19, comme un homme *cruel et sanguinaires*.

teur, vous avez craint de me voir un jour appelé à une des places que vous réservez à vos protégés. Afin de prouver que c'est précisément des élections dont il s'agit dans ma déportation, il suffira de lire la dernière phrase d.... ....érant de l'arrêté du Directoire ; *et dirigé tous le ....emens anarchistes dans les assemblées primaires, e. électorale du même département.*

C'est, ajoutez-vous, *des actes qui ont précédé ces élections et de ma vie politique entière dont il s'agit.* Voudriez-vous avoir la complaisance de me citer les lois qui condamnent à la déportation des citoyens à cause de leur vie politique. Il est notoire que ma vie a été celle d'un homme qui n'a jamais varié, ni dévié un moment du sentier des principes ; j'idolâtre le gouvernement républicain, parce que lui seul peut faire le bonheur général j'entends dire que nous vivons sous un tel gouvernement, je ne le trouve que dans la constitution, et je fais la triste expérience qu'il n'est pas de république pour moi.

Vous aviez dit, page 6 et 7 du discours que vous lûtes le 25 messidor an 5, à l'Institut national ; » et l'on sait dans » quels excès peut nous entraîner l'amour propre offensé, » lorsqu'une fois il nous a fait faire seulement quelquespas.. » Si à la place d'une ame sensible et droite, nous sup- » posons une ame corrompue, on conçoit tout ce que » doit produire de perfide, ou de violent, le déchaîne- » ment des passions et des vices, aigris par la contra- » diction ». Vous m'avez fait servir de démonstration à ces vérités. Vous prétendez que je vous empêchai en brumaire an six par la voie la plus honnête, de la manière la plus décente, de commettre une injustice, celle de faire fermer le cercle constitutionel de Poitiers ; votre amour propre est offensé de cette contradiction ; vos passions se sont déchaînées au point non seulement de me faire porter le coup le plus perfide, et le plus violent, car d'après votre lettre, je ne peux l'attribuer qu'à vous, mais encore de me signaler comme un *fripon* et un *hypocrite*. J'avais près de cent cinquante mille francs espèces sonnantes ; je les ai versés dans les coffres de ma patrie : des administrateurs prévaricateurs m'ont dépouillé de tout, ils m'ont enlevé jusqu'à mon dernier centime, de quel côté sont les *fripons* ?

Je vais vous confier mon secret pour *en imposer sur l'article de mes vertus.*

Aussi-tôt ma disgrace, mon épouse prouva, avec des pièces authentiques, les nombreux sacrifices que j'ai faits pour la République, mon sincère attachement pour elle et la constitution de l'an 3, que nulle puissance terrestre ne viendra à bout de m'ôter. Elle prouva que professeur en la ci-devant université de Poitiers, je n'ai jamais été sous l'ancien régime, ni curé, ni vicaire ; qu'à peine prêtre, attachés l'un à l'autre depuis un an, nous abandonnâmes la france en 1775, (v. st.), et fîmes sanctionner notre union en Angleterre ; que pendant les 25 années de notre mariage, notre bonheur n'a été troublé que par nos persécuteurs : que le premier usage que j'ai fait d'une fortune acquise par un travail long, ennuyeux et fatigant, a été de venir arracher à la misère mon père viellard de quatre-vingt trois ans, qu'un procès avait ruiné. Tout Saintes sait que cet homme vénérable vit avec moi, et est traité avec cette tendresse, cette affection qui sont le partage d'une ame sensible, honnête et pieuse. On a encore su qu'en me fixant dans cette même commune, j'avais le projet d'attirer auprès de moi un oncle, ancien religieux âgé de quatre-vingt ans, qui est dénué de tout moyen de subsister. On a su que je n'ai remboursé aucune rente en papier, que *je n'ai point vendu en assignats sans crédit comme sans valeur les sommes qu'on m'avait prêtées en numéraire.* Citoyen Creuzé, tous mes persécuteurs n'en pourraient pas dire autant! Tels sont mes moyens d'en imposer. Puissiez-vous n'en jamais employer d'autres : si ces qualités sont des vertus, je m'en honore et ne m'en glorifie pas. Devant ce flambeau de la vérité dont les rayons luisent sur tous les instans de ma vie, que devient votre reproche d'hypocrisie? *Un petit magistrat*, dit Rousseau, *qui craint d'être confondu avec le peuple, fait toujours sentir d'une manière choquante la petite différence qu'il y a de lui aux autres, et ne se plaît qu'à humilier ses égaux.*

J'ai présidé le tribunal criminel du département de la Vienne, sous le gouvernement révolutionnaire. Convention nationale, qui as fondé la République, et l'as cimentée du sang du dernier de nos rois, devais-je m'attendre qu'un de tes membres me reprocherait un jour d'avoir rempli une fonction terrible sous un gouvernement plus terrible encore à l'organisation duquel il a participé? Barbare que vous êtes! Des larmes obscurcissent ma vue, la plume me tombe des mains!!! Vous aviez rendu des lois nécessitées par le malheur des temps, vous m'aviez appelé par votre décret du 15 septembre 1793, à les faire exécuter dans mon département; vous aviez surmonté ma répugnance, en me montrant le sein de la patrie déchiré, et vous venez après quatre ans, me faire un crime d'avoir occupé une place que j'ai honorée par mon impartialité.

Je m'y suis couvert du sang de mes concitoyens. Phrase hyperbolique et vuide de sens, que je n'ai entendu prononcer qu'aux compagnons de Jesus et du Soleil, avec laquelle ils vous poignarderont après moi. Les jugemens du tribunal que j'ai présidé sont tous imprimés ; je les ai tous rédigés ; ils sont inattaquables soit dans la forme, soit au fonds. Les réacteurs de votre département ont tout mis en œuvre pour y trouver prise contre moi, et n'ont pu y réussir. Toutes les places étaient en leur pouvoir, toutes les têtes se courbaient devant leur grandeur, toutes les volontés se pliaient à la leur, tous ils étaient altérés de mon sang ; eh bien ! du fonds de mes cachots je les ai sommé de me mettre en jugement ; ils n'ont même pas osé me faire subir d'interrogatoire. Ce qu'ils ont craint de faire, c'est à vous de l'entreprendre. Il y va de votre honneur et du mien.

En général, dit J. J Rousseau, lettre 5 de la Mont. *les chefs des républiques aiment extrémement à employer le langage des monarchies.* En effet ce langage semble tout naturel chez vous. *Je crois bien*, ce sont vos expressions, *qu'on aurait pu l'abandonner à ses remords, s'il ne se fut pas si fort agité avec ses partisans pour reprendre une autorité dont il avait fait un si horrible usage.* Quiconque ne se sentira pas révolté à la lecture de cette phrase, n'est pas républicain. *Ennemis des rois,* dit l'auteur du *Common sense, vous en avez la morgue, ennemis de la prérogative royale, vous la portez par-tout.* Qui l'aurait cru qu'en l'an 7 de la République, et 10 de la révolution, un législateur se serait permis d'écrire *qu'il croit bien qu'on aurait pu m'abandonner à mes remords.* Ce langage digne des *Sartine,* des *Lenoir* et autres valets de cour, sied mal à mon avis, dans la bouche de

l'un

l'un des fondateurs de la République, et écorche les oreilles d'un citoyen français qui, à ce titre, s'estime plus que les rois de la terre, et qui ne connaît au dessus de lui que la loi.

Quel est, je vous prie, cet ON qui, dans un pays libre, où la loi est la même pour tous, soit qu'elle protège, soit qu'elle punisse, où enfin les plus grands criminels ne sont condamnés qu'après avoir été entendus, et jugés conformément aux loix, quel est, dis-je, cet ON qui se permet de faire condamner à la *legère* peine de la déportation un républicain, pour s'être agité dans les vues de se faire nommer à une place qu'il a remplie avec honneur ? S'il en est ainsi, que mérite donc le ON qui, à l'expiration de ses fonctions, envoie dans son département un commissionnaire pour y disposer les esprits en sa faveur, et s'assurer des suffrages pour sa réélection. (1).

Graces vous soient rendus, citoyen *Creuzé-Latouche*, vous nous avez enfin donné le mot de l'énigme. Ce n'est point, parce que mes concitoyens ont été *victimes de ma perversité*; ce n'est point parce que *je me suis couvert de leur sang*. Peccadilles que cela à vos yeux. Ce n'est point

---

(1) Vers la fin de ventôse an 6, arriva à Poitiers un imposteur, sans doute, se disant envoyé par le Directoire exécutif; cet inconnu fit inviter les citoyens *Dardillac* et *Petit*, administrateurs du département et de la municipalité, à lui aller parler; il s'entretint avec eux de l'esprit public du département, et notamment des prochaines élections. Il conseilla beaucoup les scissions, et engagea les patriotes, s'ils voulaient faire approuver leurs choix, de nommer à la législature, un des membres du Directoire, et surtout de ne pas omettre le citoyen *Creuzé-Latouche*, dont l'influence était toute puissante, assurait-il.

B

à cause de *ma vie politique entière* ; ce ne sont pas non plus *mes actions antérieures aux élections*, qui sont cause de ma déportation, mais pour avoir commis le crime irrémissible de *m'être agité avec mes partisans*, (avec lesquels pourtant vous aviez dit que je n'avais rien de commun) *pour reprendre une autorité dont j'avais fait un si horrible usage.* Que ne m'aviez-vous envoyé la loi qui punit de la déportation un délit si *grave* ? Le malheur est qu'il n'en existe pas. Hélas ! c'est toujours le rôle du lion de la fable que vous vous êtes réservé !!!

C'est bien gratuitement que vous prétendez que je me suis agité. Rien n'est plus contraire à la vérité. Je n'ai pas eu une seule voix à l'assemblée électorale ; si j'avais eu autant d'ambition que vous le supposez, j'aurais eu au moins celles des partisans que vous me donnez.

Puisque vous croyez bien qu'on pouvait me laisser en repos, si je me fusse jetté de côté pour laisser passer les ambitieux, qu'était-il besoin de fouler aux pieds toutes les lois, de porter atteinte à la liberté civile, de mettre en lambeaux la charte constitutionnelle ; et cela pour perdre un homme, dont les agitations ne pouvaient plus être un sujet d'inquiétude pour vous, dès que j'avais laissé votre département depuis huit mois, et que j'étois bien résolu de n'y jamais retourner ?

Vous convenez ne m'avoir *ni vu, ni connu personnellement* ; raison de plus pour ne vous en pas raporter aux témoignages d'hommes qui ne me pardonneront jamais de leur avoir succédé dans les places administratives et judiciaires. Vous savez bien que tous ceux à qui vous vous êtes adressé ont été froissés sous le gouvernement révolutionnaire ; vous n'ignorez point qu'il

n'y a pas dans la république d'hommes plus haineux et
plus vindicatifs que la plupart des fonctionnaires pu-
bics de Poitiers ; et vous tenez ponr certain tout ce que
dans le délire de leur passions, ils ont vomi de calomnies contre moi. *Helvétius*, que vous avez surement bien
lu, vous avait cependant averti que, *non seulement les
passions ne nous laissent considérer que certaines faces
des objets qu'elles nous présentent, mais qu'elles nous trom-
pent encore en nous montrant souvent ces mêmes objets
où ils n'existent pas.* (de l'esprit, tom. 1. disc. 1. chap.
2. p. 13.) Vous-même l'avez dit dans votre discours sur
l'intolérance p. 38. *Est-il à croire que nous nous occupe-
rons de lever ce voile* (sur la vérité) *et de discuter tran-
quillement nos idées, au moment où nos passions vien-
dront nous entrainer.* Enfin ignorez-vous que ceux dont
vous êtes l'agent ont été comme moi décorés des mêmes
épithètes ? (1).

---

(1) Il n'est pas un de mes dénonciateurs à qui le royalisme n'ait
donné les mêmes dénominations qu'à moi, et qui ne m'ait sur-
passé du côté de l'exagération. *Thibaudeau*, fils, dans le rapport
précité, appele les journées des 31 mai et 2 juin, des *événemens
glorieux*, page 6. Le pere se fait un mérite, sixième colonne de
son mémoire, d'avoir justifié la convention sur ces journées. Le
citoyen *Béra*, commissaire du Directoire exécutif près les tribunaux civil et criminel du département de la Vienne, fit imprimer
pendant sa détention un mémoire justificatif, et le 25 ventôse an 2,
il y ajouta un tableau manuscrit de sa conduite politique depuis 1789;
aux pages 2 et 3 du premier, il désigne les 32 députés, mis en état
d'arrestation le 30 mai, comme *une faction puissante, couverte du
masque de la popularité.* Il convient, page 5, qu'*il y a eu des députés scélérats, chefs ou moteurs d'un complot fédératif.* Et dans son
manuscrit, page 5, il les appele *des représentans perfides.* Ces mes-
sieurs ont beaucoup pratiqué le métier de délateurs. *Béra* disait

B 2

Je vous ai vu souvent et entendu une fois à la tribune des Anciens. On m'avoit bien mandé que vous étiez

---

de *Moreau*, son substitut, que c'était un aristocrate; *Moreau*, pour prouver qu'il n'était point classé parmi les fédéralistes, envoyait au comité copie du rapport de *J. Julien*-de-Toulouse sur le département de la Vienne, dans lequel sont désignés *Texier*, *Montault*, évêque, *Butaud*, administrateur, (son beau-frère) et *Béra*, commissaire national. Ce même Béra est appellé par les royalistes, un démagogue incendiaire, un orateur ambitieux, un écervelé, un homme dangereux, un vil calomniateur, un mauvais citoyen, un enragé, un brouillon, une tête exaltée, un scélérat, un cabaleur, un vil dénonciateur, qui ne desirait autre chose que de faire couper la gorge à tous les citoyens; un ambitieux qui ne pouvait plus cacher le feu dont il était dévoré; un intrigant qui allait sur les places publiques mendier des signatures pour étayer ses projets criminels; un déclamateur forcéné; un odieux libelliste, un sale dénonciateur. Toutes ces épithètes nous ont été transmises dans deux brochures, rédigées par Béra lui-même, qui s'en honorait alors. Ce réacteur forcéné déshonore la place qui lui est confiée, par les sorties impertinentes qu'il fait de temps en temps contre des citoyens paisibles, qui n'ont pas plus de rapport aux affaires qu'il agite, que l'enfant à naître. Cet individu, que la loi du 3 brumaire exclud des fonctions publiques, comme oncle d'émigré, ne peut se passer de calomnies. Second *Timond*, il ne vit que pour haïr l'espèce humaine; et comme *Néron*, il voudrait qu'elle n'eût qu'une tête pour la couper d'un seul coup. (Les épithètes de *scélérat*, *enragé*, *mauvaise tête*, *cerveau brûlé*, ont été aussi données au citoyen *Rampillon*, votre collègue, comme il nous l'apprend dans son mémoire manuscrit sur sa conduite révolutionnaire.) A ces sources où vous avez puisé vos renseignemens sur mon compte, joignons-y le citoyen *Bonnefont*, commissaire du Directoire près le département, oppresseur des patriotes *Villeneuve*, *Chambert* etc., qui a participé à toutes les prévarications de l'administration centrale, dénoncées dans le mémoire imprimé du citoyen *Dardillac*; qui a refusé de recevoir les soumissions des citoyens *Mignon* et *Doré*, pour le jardin botanique qu'il a acquis acharné à ma perte ; mon cœur se refusoit à le croire ; votre lettre ne me laisse plus de doute : elle a fait sur moi une impression indicible, et m'a frappé du plus grand étonnement, car vous êtes le dernier des hommes par qui je devais m'attendre d'être dénigré, injurié et calomnié.

Vous n'avez pu être étranger, ditez-vous, *à l'histoire de votre pays, où j'ai joué le plus affreux rôle.* Ne pourrait-on point vous demander où vous étiez pendant que je jouais ce rôle ? Si après quatre ans vous n'y êtes pas étranger, pourquoi y étiez-vous donc si insensible, lorsque *je me couvrais du sang de mes concitoyens ?* Pour-

---

ensuite, après en avoir chassé les prétendans, sous le prête-nom de la citoyenne *Châle*, sa belle-mère; cet établissement précieux avait coûté à l'État près de 20000 fr.; le commissaire l'a eu pour 2400 fr : le citoyen *Dassier*, commissaire du Directoire près la municipalité, réquisitionnaire, fort, robuste, haut de 5 pieds, 4 pouces, qui, avant la réaction, félicita la convention d'avoir renversé l'hydre du fédéralisme, dans la journée du 31 mai, a donné dans tous les excès de la réaction, et a décidément laissé le casque de Mars, pour prendre la quenouille d'Omphale: le citoyen *Grillaud*, juge au tribunal civil, qui, en vendemiaire an 3, jurait de maintenir, en bon jacobin, le gouvernement révolutionnaire jusqu'à la paix, parce qu'il est, disait-il, le palladium de la liberté; qui, le 11 floréal suivant, se déclare partisan par caractère des grandes mesures de sûreté, et avance que *l'humanité est un crime*; qui, le 12 thermidor an 4, fait une visite domiciliaire nocturne, contre l'article 359 de la constitution; conduit lui-même en prison le maître de la maison, à dix heures du soir, sans mandat d'arrêt contre ses articles 222 et 223 : un *Butaud*, administrateur du département, qui a menacé un citoyen de l'aller poignarder dans sa boutique, homme sans mœurs et sans patriotisme, abruti par le vin, corrompu par les femmes, pour qui il trahirait cent républiques. Voilà mes délateurs !

B 3

quoi ne m'avez-vous donc point fait punir dès les premiers
forfaits que j'ai commis? Pourquoi n'avoir pas arrêté
l'effusion d'un sang si précieux ? Vous étiez membre de
la convention nationale, et moi un petit président de
département; tous mes jugemens étaient envoyés au ministre de la justice; que vous en aurait-il coûté de les
examiner, de les dénoncer, et de me faire destituer ?
Mais non : vous avez laissé tout faire, vous avez tout
sanctionné, tout approuvé, et parce que la mode du jour
est de s'appitoyer sur des événemens que vous aviez pro-
voqués, organisés, vous venez avec des mots usés cher-
cher à m'aliéner l'esprit des républicains. Comparons vos
grands mots, qui n'en imposent qu'aux imbécilles, à mes
mises en liberté par arrêtés du comité de sûreté-générale
et par le juge de paix de mon arrondissement (1). Les

____

(1) « Comité de Sûreté-générale et de surveillance de la Con-
» vention nationale, du 23 fructidor an 2 de la République, une et
» indivisible. Sur les renseignemens produits, et les observations
» données par le représentant du peuple *Ingrand*, le Comité de
» Sûreté – générale arrête que les citoyens *Planier*, président du
» tribunal criminel, etc. seront mis en liberté, et les scellés levés.
» Suivent les signatures ».

« Autre du 2 frimaire an 3. Le Comité de Sûreté-générale, etc.
» arrête que *Planier*, détenu à Poitiers, sera mis en liberté et les
» scellés levés. *Signé*, etc.

» Autre du 25 vendemiaire an 4. Vu les pièces relatives à la dé-
» tention des citoyens *Mignien*, fils dit *Planier*, etc., détenus en
» la maison d'arrêt de Poitiers; le Comité de Sûreté – générale,
» considérant que ces cinq individus ne sont prévenus d'aucuns
» délits spécifiés par les lois pénales, ni par le décret du 22 ven-
» demiaire, seront mis sur le champ en liberté, et que les scellés
» seront levés chez eux. Charge le procureur-syndic du district de
» Poitiers, de l'exécution du présent arrêté. *Signé*, etc.

» Extrait des registres de la maison d'arrêt, ditte la visitation uns déclarent expressément sur le vu des pièces, à charge et à décharge, que je ne suis prévenu d'aucun délit spécifié par les loix pénales, et l'autre que les mandats d'arrêt lancés contre moi ne sont nullement motivés.

Si vous aviez des prenves de mes *crimes*, vous deviez à la justice de les dévoiler à ce même comité ; c'était à vous de l'inviter à retirer son premier arrêté, et de solliciter l'ordre de me faire remettre en prison, juger et condamner.

Ce n'est pas tant *des élections que des actes qui les ont précédés dont il s'agit à son égard.*

L'ostracisme obtenu contre moi est surtout en raison des *actes* antérieurs aux élections. Qu'ont-ils donc de criminel ? Le 26 fructidor an 5 je me présentai à ma municipalité et y prêtai le serment de haine à la royauté, etc. (*a*). Le 25 pluviôse an 6 je prononçai à la même administration un discours dont les principes et la morale furent approuvés : votre parent, le citoyen *Creuzé* (*Pascal*) président, et ses collégues me donnèrent l'accolade fraternelle. (*b*) Le 30 ventôse suivant, (nous touchons aux élections) je me réunis aux mêmes administrateurs et à 40 autres patriotes dans un banquet civique. Suis-je déportable pour ces actes ? En ce cas je m'écrirai avec le philosophe Philoxene, *qu'on me ramene aux carrières.* Il est encore un autre acte que j'ai omis dans ma défense, le voici :

» de Poitiers, département de la Vienne. Et attendu que le livre-
» de la géole ne désigne aucuns motifs d'arrestation contre *Planier*,
» !et attendu que la loi du 22 vendemiaire se trouve en sa faveur,
» nous l'avons mis en liberté. Poitiers, 25 vendemiaire an 4.
Signé. Beaufine, juge de paix.

(*a*) Défense, page 24. (*b*) *Ibid.* pages 26, 27, 28, 29 et 30.

B 4

Dès que le gouvernement eut prévenu le Peuple Français par une proclamation, qu'il était dans l'intention d'effectuer une descente en Angleterre, j'écrivis au corps législatif la lettre qui suit :

Poitiers, 8 nivôse, an 6 de la Rép. Franç. une et ind.

P. J. MIGNIEN fils, dit PLANIER,

Aux Représentans du peuple membres du Conseil des 500.

LÉGISLATEURS,

» Les négocians de Paris viennent d'offrir leurs bourses » au Directoire, pour fournir aux dépenses que va néces- » siter la guerre contre le gouvernement Anglais. Ce » grand exemple de désintéressment, de patriotisme, et » de générosité sera sans doute imité par les vrais répu- » blicains en proportion de leurs facultés. Le fonction- » naire public s'empressera de contribuer aux moyens » d'abaisser le front audacieux de l'orgueilleuse Albion et » de punir ces féroces insulaires, ennemis naturels de la » république française. Tous seront glorieux de partici- » per à humilier ces tyrans des mers. J'ai résidé en Angle- » terre pendant dix-sept ans ; mon ame a été déchirée » d'y entendre ma nation avilie, méprisée et insultée. » Détruisez le gouvernement despotique de ce peuple » exclusif. Vendez-lui la liberté au prix de ses propres » guinées, source intarissable de corruption que l'exé- » crable Pitt sait employer si adroitement.

» Pour contribuer à ce grand acte de vengeance natio- » nale, j'offre à la république en don patriotique la » somme de *cent francs* en numéraire. Rentier, je ne » puis donner davantage. Je demande que vous assigniez » dans les chef-lieux de département un receveur entre

» les mains de qui seront versés ces dons patriotiques.
» Dès que celui que vous aurez désigné dans mon dé-
» partement pour cet objet me sera connu, je lui por-
» terai le mien avec empressement.

Salut et respect.

Signé, P. J. MIGNIEN.

Croirait-on que le ON qui avait quelque envie de *m'abandonner à mes remords*, ait gardé le plus profond silence sur cet acte de patriotisme, que même, m'a-t-on assuré, il en ait empêché l'insertion dans les journaux; excepté dans celui de *l'Ami des lois*, où il me fut dit en floréal suivant avoir été mentionné. Eh bien! Citoyen *Creuzé*, voilà encore un de mes *actes qui ont précédé les élections*, et qui m'ont valu la déportation. J'avais acquis légalement une maison nationale, et l'avais payée 17,600 francs ; on m'en a chassé. J'avais acheté un bien national 85,100 francs ; on vient de mettre le séquestre dessus. J'ai donné 400 francs de don patriotique, 100 francs pour contribuer à la construction d'une fré-gate (1), 74 francs pour ceux qui s'enrôleraient volon-tairement, 70,000 francs pour l'emprunt forcé ; en retour, je suis déporté. *Voulons-nous que les peuples soient ver-tueux, dit J. J. Rousseau? Commençons donc par leur*

---

(1) Pendant ma détention, la municipalité de Poitiers fit affi-cher les noms de ceux qui avaient fait des dons à la patrie. Dans une colonne on lisait, *Planier, 100 francs pour contribuer à la cons-truction d'une frégate.* Toutes les fois qu'il passait des royalistes devant ce placard ; en voilà un, disaient-ils en montrant mon nom, que la république récompense bien de son dévouement pour elle ; son nom est au nombre de ses bienfaiteurs, et son corps est chargé de fers.

faire aimer la patrie ; mais comment l'aimeront-ils, si la patrie n'est rien de plus pour eux que pour des étrangers, et qu'elle ne lenr accorde que ce qu'elle ne peut refuser à personne. Ce seroit bien pis, s'ils n'y jouissaient pas même de la sureté civile, et que leurs biens, leur vie, ou leur liberté fussent à la discrètion des hommes puissans, sans qu'il leur fût possible ou permis d'oser réclamer les lois ? Que vos instigateurs vous ayent caché le bien que j'ai fait, pour ne vous entretenir que des crimes que je n'ai pas commis ; qu'ils se soient bien gardé de vous nommer les 30 personnes à qui j'ai conservé la vie, il n'y a rien là qui m'étonne : mais que depuis l'impression de ma défense et d'un mémoire justificatif, imprimé en thermidor an 3, vous n'ayez pas mis autant de chaleur à me défendre, que vous en avez mis à m'opprimer, c'est ce qui dérange toutes mes notions sur votre compte. *Les peuples ne se sont pas donné des chefs pour les asservir,* dit J. J. Rousseau, *mais bien pour les défendre.* Il n'y a pas un des députés de la Vienne à qui mon innocence et mon ardent amour pour la République ne soient connus, et il n'est pas un d'eux qui, je ne dis pas, prenne ma défense, mais qui ne seconde mes oppresseurs. Elle est donc bien vraie cette maxime de La Rochefoucault (*a*), *il s'en faut bien que l'innocence trouve autant de protection que le crime* : et c'est aussi à ce dernier que vous accordez protection, vous membre de l'Institut national, vous philosophe, vous législateur depuis près de dix ans : *si le sel se gâte, avec quoi salera-t-on* (*b*).

______

(*a*) 488.

(*b*) Helvétius.

RÉSUMÉ.

On a la preuve acquise que l'étranger a introduit parmi nous un sistême d'oppression contre les patriotes, en les faisant dénigrer, destituer, incarcérer ; en les faisant dépouiller de leurs acquisitions nationales, chasser des assemblées du peuple, en un mot en excitant contre eux toutes les passions. Ce plan est énergiquement tracé dans le rapport du citoyen *Barras*, du 30 vendémiaire an 4, et dans le méssage du Directoire sur la conspiration *Brothier*. Le comité Anglo-Autrichien, qui en est l'inventeur, existe toujours. Instruit par l'expérience, sa tactique varie, mais son but est le même ; pour y parvenir plus souvent, il s'empare de toutes les avenues, emprunte toutes les formes, parle toutes les langues, arbore tous les pavillons, se prête à toutes les modes, et se couvre de tous les masques. La magie des mots est une de ses armes les plus meurtrières. Le patriotisme a-t-il conduit avec une chanson nos armées au temple de la victoire, ce comité, avec une chanson a moissonné des milliers de républicains. Brigands, chauffeurs, voleurs de malle, assassins des fonctionaires publics, voilà ses soldats.

J'ai été destitué au premier mouvement, j'ai été incarcéré trois fois. J'avais placé toute ma fortune en acquisitions de biens nationaux, ils m'ont été tous enlévés sans indemnité. Citoyen français, mon droit de voter m'a été contesté une fois et enlevé une seconde. Avant le dix-huit fructidor an 5, j'étais menacé du poignard par les royalistes ; je veux me soustraire aux persécutions interminables des puissans de mon pays, j'aban-

donne mes foyers. Je viens me fixer dans un Départe-
tement où les autorités constituées ne connoissent que
l'empire des lois, et n'administrent que par elles; on
me poursuit, après huit mois d'absence, jusque dans le
sein de la concorde, du patriotisme et de la fraternité.
A peine mon cœur était-il ouvert au bonheur de vivre
avec des républicains unis à leurs administrateurs, qu'il
est de nouveau attaqué d'une plaie mortelle. Pour commettre cette dernière atrocité, le royalisme vous a cir-
convenu, *citoyen Creuzé*; il vous a appris son langage,
vous a fait adopter son mode, et vous a enrôlé sous la ban-
nière de mes ennemis; il a fait davantage, il vous a mis à
leur tête. Ami du gouvernement républicain, vous avez de-
mandé et obtenu la perte d'un ami de la république et de
la constitution. *Parce que je me suis mêlé des élections, et
que j'ai tenté de reprendre mon ancienne autorité*, comme Osias, vous m'aviez jugé digne de mort pour avoir
porté une main profâne sur l'arche de *l'ambition*.

N'eussiez-vous été que trompé et séduit, ma défense
quoique faite à la hâte, et en fuyant, contient des pièces assez convaincantes, assez justificatives pour vous
faire revenir de votre erreur; mais non : c'est un plan
combiné depuis long-temps et dans le silence du cabinet.

Sourd à la voix de la raison et de l'équité, vous ne
faites aucun cas des représentations de vos collègues qui
m'ont vu et *me connaissent personnellement*; en vain
répondent-ils par des faits aux mots empoulés que vous
leur opposez; en vain vous disent-ils avec Pascal, *comment prouver qu'on n'est pas une porte d'enfer ?* envain
vous représentent-ils avec Raynal, (*a*) au sujet du mot

______

(*a*) Hist. phil. et politip. des deux Ind., tom. 8., p. 10.

anarchie, dont vous me dites entâché, que *l'histoire offre plus d'un exemple où l'on peut soupçonner que ce n'est pas la chose qui a fait le mot, mais le mot qui a fait la chose*; que (a) *des coups d'autorité multipliés par la précipitation qui les hasarde, blessent tous les cœurs, et tombent successivement sur tous les corps*. Battu jusque dans vos propres retranchemens, vous affirmez avec perfidie que vous n'avez point trempé dans cette affaire; que vous ne voulez point en entendre parler; que vous ne vous en mêlez en aucune manière : et un moment après vous allez entraîner dans votre parti des représentans qui ne m'ont pas plus vu et connu que vous-même; et l'instant d'après vous écrivez dans le style le plus anti-républicain à un administrateur qui juge sur des faits, et qui ne voit pas comme vous au travers du prisme des passions, et après votre parole donnée vous courez au bureau des proscriptions y poser cette inscription gravée par *Danté* sur la porte de son enfer. *Voi ch'entrate, lasciate omai ogni speranza*. Passif dans des tepms d'oppression, vous devenez oppresseur dans des tems calmes. En brumaire de l'an 6, vous disiez à un capitaine d'artillerie (b), que si l'on vous appelait *anarchiste* la rage s'emparerait de votre cœur, et que ceux qui vous diffameraient, seraient les premières victimes de votre désespoir. Et en nivôse de l'an 7, vous mandez à un administrateur que je suis un *fripon et un hypocrite dangereux*; quel contraste, quelle inconséquence! Le premier de mes droits m'assure la *liberté*, *l'égalité*, *la sûreté*, *la propriété*; voilà la quatrième fois que la *liberté* m'est enlevée dans cinq ans; point *d'égalité*

(a) Id. vol. 7, pag. 293.   (b) Le cit. *Pestre*.

pour moi: citoyen français, si je suis coupable, je dois être puni d'après les formalités légales. La loi du 25 brumaire an 2, déclare que les prêtres mariés ne sont pas sujets à la déportation : toutes les lois sont violées à mon égard. J'ai vu, dit Gudin dans plusieurs républiques la liberté du citoyen violée par la ruse et le sophisme du magistrat. (suppl. au cont. soc. p. 87.) *La sûreté*, il n'y en a eu ni pour ma pesonne, ni pour mes biens. *La propriété*, j'avais une fortune au-dessus du médiocre, je suis dépourvu de tout. L'article 374, de la constitution porte que *la nation française proclame, comme garantie de la foi publique, qu'après une adjudication légalement consommée des biens nationaux, quellequ'en soit l'origine, l'acquéreur légitime ne peut en être dépossédé, sauf aux tiers réclamans à être, s'il y a lieu, indemnisés par le trésor national*. J'ai acquis de bonnefoi une maison nationale, elle m'a été adjugée légalement; je l'ai payée, j'en ai joui pendant une année, et à la réaction j'en ai été chassé administrativement, comme un voleur qui s'y scroit introduit furtivement. *Les lois*, disait Anacharsis, *sont comme des toiles d'araignées qui arrêtent les mouches, et que rompent les oiseaux*. Il est bon de remarquer qu'il vivait dans une république. Vous n'exigez autre chose, des ci-devant nobles qui n'ont donné aucune preuve de leur fidelité à la république, sinon *qu'ils aient à se conformer à l'article dix de la constitution*. (a) Votre collègue le citoyen *Rampillon*, veut bien (b) qu'on admette les *prêtres insermentés* à jouir des droits inhérens à l'honorable qualité de citoyens français, s'ils rénoncent *formellement et préala-*

(a) Rapport du 26 brumaire, aux anciens.
(b) Discours du 25 messidor an 5, aux cinq cens.

blement au pape leur souverain ; il pouse même l'indulgence jusqu'à dire que sans ce préalable *il est cependant possible de les souffrir sur le sol de la république, à l'aide d'une surveillance active.* Et l'un et l'autre vous faites bannir de ce même sol, un citoyen qui a donné mille preuves de son attachement à la république, un ex-prêtre qui ne reconnaît pour souverain que *l'universalité des citoyens.* Tant de ménagement d'un côté et de sévérité de l'autre, prouve évidemment que devant vous tout délit est excusable, dès qu'il ne s'agit point d'élections.

Des hommes qui ne me haïssent qu'en raison du mal qu'ils me font ; qui sont sans replique l'orsqu'on leur représente les gages que j'ai donnés à ma patrie, l'énergie de mes discours pour faire aimer la république, ma joie dans ses succès, ma douleur dans ses revers ; ont projeté, il y a long-temps, de me faire tant de mal au nom de cette même république, qu'ils pussent m'arracher des plaintes et des malédictions contre elle ; insensés qu'ils sont ! Identifié avec elle, mon existence ne tient-elle pas à la sienne ? Elle avait mes vœux avant son établissement, elle a mon amour depuis. Non il ne sera jamais au pouvoir des parricides qui veulent l'étouffer dans son berceau d'aliéner mon cœur pour elle. République des français, je t'ai donné tout ce que je possédais ; il ne me reste plus que la vie ; l'exige-tu d'un de tes plus ardens partisans ? Faut-il combler le gouffre des passions ? nouveau *Curtius*, je suis prêt à y sauter en criant : Vive la République, et la Constitution de l'an trois.

P. J. MIGNIEN fils dit PLANIER.

Paris, 15 prairial an de la Rép. franç., une et indiv.